生きものである私がそんなことを言っていてはいけないと思い直します。生きものは、次へと続いていくことが大事なのであり、子どもたちが笑顔で暮らす明るい社会をつくっていけるようにするのが私たち大人の役割だと。

ここで改めて「教育」の大切さが浮かび上がりますが、ここでの教育は、今の社会の価値観に合った人材を育成するというようなものでないことは明らかです。大田先生が教育者として心から願っていらした「ひとなる」が今こそ求められます。その基本には、**子どもたち一人ひとりを、いのちを持つ唯一無二の存在として捉える視点**があります。生きものとしての子どもたちのそれぞれが本質を見つめ、自分で考え、新しい道を創っていく人になるような場をつくるのが大人の仕事です。大田先生が初版のまえがきに「教育の役割は一人ひとりの学習権を優先し、保障するための介助とならざるをえません。ですから、そういういのちを大切にする教育の条件整備を考えることが必要不可欠になってきます」と書かれたことが、まさにそれです。このお考えがますます大事になっているのだと痛感します。

最初にあげたパンデミック、異常気象、戦争などは、どれも現代社会が権力やお金を持つことが生きる目的であるかのような価値観で動いているために起きたことです。そのような価値観のもとで、競争に勝つことが生きることであると思わされた若者の間では、「タイパ」（タイム・パフォーマンス）が重要事項になっています。かけた時間に対して得られた成果や満足度が高いことを求めるのだと言われれば、なるほどと思います。しかしその内容は、溢れている情報にとにかく触れておかなければならないのだが、その時間がないので動画を倍速で見たり、他のことをしながら見たりするのだと言われると、それは違うでしょうと言うしかありません。本のむ身体全体を働かせての情報処理が重要です。身の周りの人、事、物のすべてと実際に関わり合い、自らの判断で行動することです。機械はあくまでも補助役です。

ところが近年、主体が忘れられています。先に触れたタイパを重視する若者たちの登場がその第一段階ですが、ＡＩ（人工知能）の進歩がそれをさらに進めました。生成ＡＩの開発と普及の速度はめざましく、それに惑わされて、「ＡＩが人間を超える」というとんでもない言葉が多くの人の口から出るようになりました。生きものである人間の知性と、コンピュータという機械の一機能にすぎないＡＩとは、同列に並べて比較するものではありません。「教育」は、人間という総合的な存在を育てることです。今、スマホ依存症が問題になっています。小さい頃からスマホに長時間触れていると、脳の発育に影響が出るという研究成果が出始めています。スマホを含めてのコンピュータの活用を否定はしませんが、人間のもつ可能性を信じ、人と人との関わりの中で生まれてくる新しい知こそ、誰もが生き生きと暮らす社会づくりにつながるものであると信じて教育システムをつくることが、大事になっているのではないでしょうか。

大田先生との話し合い以降に起きた変化は小さくありません。その中で人間が壊れていっているのではないかと感じることもしばしばです。そしていのちある人が自ら学び、育っていくことを、同じいのちある人が介助していく「教育」の大切さを、改めて実感しています。大田先生の語られた原点に帰って、「ひとなる」という言葉のもつ意味を具体的な形で考えていかなければなりません。

二〇二四年三月

人類の未来に少し不安を感じながら

中村桂子

百歳の遺言〈新版〉　目次

II 対談を終えて（往復書簡）

百歳の遺言

いのちから「教育」を考える

〈新版〉

まえがき

このたびは藤原書店の藤原良雄社長のご配慮により、生命誌研究者の中村桂子さんとの対談をすることになりました。中村さんからは、「ちがう、かかわる、かわる」という生命の特質を基本に置く教育に共感しますと、私の『自撰集成』に推薦のおことばをいただいております。

一九五三年のＤＮＡの二重らせん構造発見後の生物学では、ＤＮＡそのものの構造や機能、その他、生命体の解明のためにさまざまな実験研究が数多く重ねられてきました。いろいろな細胞の関係性や、その動態考察が行なわれ、その結果、生命体は部品が集まって組み立てられたものではないこと、構成されている全細胞の流れそのものとして理解され、個体は環境とのかかわりで、流水にも似たものとして常に変わり続ける。しかも、その生命個体のDNA構成そのものは、生涯を通じてほとんど変わらない。単なるメカニズムでは説明できない、独自の動的平衡というような循環系そのものであることが知られるようになりました。

私は中村さんの『自己創出する生命』（哲学書房、一九九三年）を読んで衝撃を受けておりました。中村さんの著述は、DNA発見以後の四〇年間に及ぶ諸説を経て達した成果をふまえて、生命誌という視点から生命体の事実に迫ったものです。同書のほかに、関連する何冊かの本を手にしながら、読み解く努力はするものの、当時八十歳半ばの私には、読みこなすことも一苦労で、なかなか理解がむずかしいものでした。しかし、今回の対談で、学習（情報の処理）は脳と神経系のみならず心身全体を受容体とすることを、中村さんに教えられました。

私の関心は人間研究であり、教育の既成観念を克服して、学習権に取り組むことを研究の中心としてきました。今では学習権は、わが国の最高裁でも、また国際的にも、基本的人権とみなされています。この生存権としての学習権は、私たちの陥りがちな教育の既成観念（上から同化・同調を求めて教えたがる）を打破する鍵だと考えたのです。

そうであれば、教えたがりやの自戒をこめて、自然の摂理に沿った教育のあるべき姿への理解を、できるだけ多くの人々と分かち合う、いのちの本質から、教育の本来の社会的役割を明らかにすることが必要だと思いました。教育はいのちといのちのひびき合いの中で実をむすぶもの（いわゆる「啐《そっ》啄《たく》同《どう》時《じ》」）。一人ひとりの生存権としてのユニークな学習力にひびき合う教育こそが、平和な社会の根本機能として求められるのです。

生命の自己創出力の発見は、教育の位置を変える大きな転換点ともいえましょう。これにより教育と学習の位置が相当明確になりました。教育の役割は一人ひとりの学習権を優先し、保障するための介助とならざるをえません。ですから、そういういのちを大切にする教育の条件整備を考えることが必要不可欠になってきます。

重視すべきは、国、地方自治体による条件整備です。一人ひとりユニークな子どもたちのための小さな学級、学校、学区、そこにみんなが楽しんで通えることを、私は心から望んでいます。楽しんでこそ学習ありです。教師が、よく来てくれたね、ありがとう、と子どもたちに言える学校にするためにも（そんな学校はこの国にはないと言ってもよいでしょう）、過重と言われている教師の労働のあり方も考えなくてはなりません。

そのためには、たとえば何よりもまず、世界各国（OECDのPISAなど）、日本各県の子どもたちを束にして行なっている学力テスト（学習到達度調査）は、完全廃止にするべきです。テストによる点数順番は、子どもの過去・未来を消していいのちを物質に変えてしまいますし、一人ひとりの子どもとかかわろうとする教師の大きな負担にもなっています。日本の学力は世界何位と大新聞に掲載されるのは、滑稽を超えて、いのちがモノ化されているという悲しささえもあります。

——私のいのち——

一九四二年ヒロシマ部隊に入隊。南方最前線へ送られた。被爆を辛くも免れるものの、米国潜水艦により、乗船が撃沈され、三六時間南海に漂う。

願わくば、この世界の、核を含むあらゆる武器を棄却、ひたすら人民《ピープル》自治による平和を祈ります。

最後に、老いゆく私を見守ってくれた三人の息子たち、加えて私の研究のみならず、生活までお世話いただいた相馬直美さんに感謝しております。

二〇一八年三月二二日

大田 堯

I 〈対談〉いのちから「教育」を考える

■「当たり前」というキーワード

大田　足が弱りまして、立っているのがなかなかむずかしい状態なものですから、こちらまで足を運ばせてしまいまして恐縮です。

中村　いいえ。先生のお話を伺いたかったものですから、押しかけて申し訳ございません。

大田　実は（二〇一七年）一一月に出版された『大田堯自撰集成』補巻の「地域の中で教育を問う」は、一九八九年に出した古い本の新版です。今は教育を安易に計画することは、生命になじまないものだと考えていますが、私の教育研究の過程を知っていただくためにも、補巻には私の研究の初期からの論考、自分自身も赤面するような幼い教育論、教育計画論まで、あえてそのまま載せてあります。

かつてのような教育情報の国家支配に抗して、地域から教育を問いつづけた痕跡として、『自撰集成』のなかの一巻として入れたのですが、今から考えると平凡なものです。

中村　平凡とおっしゃいましたけれど、今、当たり前ということがとてもむずかしくなっていませんでしょうか。私は今、一番大事なキーワードの一つに「当たり前」があるのではないかと思っています。たとえば子どもたちがきちんと食事ができることです。先生に比べましたら小さな体験ですが、私も子どもの時の集団疎開でひもじい思いをいたしました。ですから経済成長は子どもたちが安心してよい食事がとれる社会になるためと思ってきました。とても具体的なイメージですし、事実、昭和の時代には皆が少しずつ豊かになっていくことを実感しました。ところが、グローバル経済、新自由主義という動きが急速にしかも大きな経済格差を生み、豊かな中での貧困が生まれました。今の日本に、当たり前に当たり前の食事ができない子どもが六人に一人と聞いて悲しくなります。ですから公平という気持をこめて当たり前を大切にと思うのです。

大田　「当たり前」という言葉には賛成です。いい言葉ですよね、大好きです。

中村　当たり前とか、ふつうとか。それがちゃんとできる社会が、皆が幸せに生きられる社会ではないかと思っています。

大田　当たり前の「前」は、柳田國男によると、お膳の一人前からきている言葉でして、一人ひとりのお膳が平等に各々用意されているということです。また一人ひとりがちがうということはもっともで当然だとしても、その一人ひとりがお互いを認めあうこと、人として平等の扱いを受ける、人権というものは、そういうことではないかと思うんですけれどね。「子どもの権利条約」（一九八九年に国連総会で採択）が出てきたとき、子どもの権利とは何かと問われて、ちがいを認め、平等に付き合う、つまり「当たり前」のことだといったことが思い出されました。

中村　そういう意味なのですね。一人ひとりそれぞれに与えられる分け前があり、自分の方から見るとちゃんとそれに見合う人になるということであり、社会の側から見るとその分け前を認めるということなのですね。型にはめて、あなたはこうなりなさいときめつけたら、当たり前でなくなるということですね。皆同じにすることではない。

このところ、格差を生み出しながら一方で画一的にしようという傾向が強くなっていますね。このあいだも、新年度の教科書をどのようなものにするかを考える会合で、現場の先生方のお話を伺ったのですが、検定とい

朝日が差し込む大田堯さんの自宅。

うのでしょうか、こうしなさい、ああしなさいという指定がとてもきびしくなっているとおっしゃっていました。

大田 そのとおりですね。まったくおっしゃるとおりで、「地域の中で教育を問う」ということは、ふつうの人、人民（ピープル）に教育をゆだねるという心をこめたものです。

中村 先生が地域を重視していらっしゃるのはとても大事なことだと思います。私はなんでも生きものというところから考えるのですが、人間も生きものですから、生活する場に根づいた教育が基本であるというお考えがよくわかります。

大田 日本の教育というのは、国が画一的に支配する傾向が、昔から圧倒的に強くて、今でもそうですね。地域の中での人権というものが疎かにされています。だから、国からの情報ばかりが上から流されているなかで、子どもの人権も含めて、人権を磨きあうには、「地域の中で教育を問う」という、平等でかつ画一的ではない、当たり前のことをやる、そういう趣旨が含まれています。

中村　おっしゃる通りです。ただ、今は教育だけでなく、あらゆる面で地域の力が弱まっているように思うのです。

大田　そうです。とくに都市では、かつてはあった自治会などもなかなか成立しなくなってきています。

中村　日本は、北海道から沖縄までそれぞれ特有の自然とそれに育まれた豊かな文化がありますから、それを生かすと本当に豊かな教育ができるはずです。けれどもあらゆる活動が首都圏への一極集中になっています。「地方創生」と、かけ声をかけてはいますが、現実は一極集中が進んでおり、これは生きものに合わないのです。生きものの世界では多様性が大事です。

ライオンが百獣の王と言われても、ライオンだけいても仕方がありません。ライオンもアリもいるから変化に対応して続いていける生物界になっているのであり、集中し一律にするのは生きものに合わないのです。東京に一極集中していることが、多様な生き方を許さず、いろいろな問題を起こしているのではないでしょうか。教育だけでなく。

たとえば農業がそうです。これこそ本当に地域を生かさなければいけないのに、一律化していますでしょう。地域の特性を生かした農業をもっとやりたいと思っている人たちはたくさんいるのですが、流通が一極集中的になっているなどで難しいことがたくさんあります。でも、これはちょっとおかしいと思いはじめた人たちが、新しい動きを始めています。私の分野の若い人の中に地域をもう一回取り戻そうという動きを始めた人があり期待しています。私は農業はまったくの素人ですし体験もありませんが、生命誌の「人間は生きものであり、自然の一部である」という考え方を身につけるには農業の体験が最も有効と思うものですから、若い人たちの農業を応援しています。

そのような気持から「田園自然再生活動協議会」という自主団体の会長をお引き受けしたりしています。この間も小学生から大学生までその仲間として活躍している若い人たちの活動報告を聞いたのですが、とても嬉しいのは、報告をしている若者たちが皆んな明るくて元気で、とてもよい顔をしていることです。教育の素人が生意気なことを申し上げるようですが、その子が算数がどのくらいできるか、歴史の年代をどれだけ覚えているかということではなく、自分の行なったこと考えたことをどれだけ元気に語れるかということが教育の成果と言ってよいのではないかと思うのです。他にも農業高校の生徒さん、福島県喜多方市や兵庫県豊岡市での小学生などの活動に触れて、自然と接して自主的に活動している話を聞くと、こちらまで元気になります。若い人たちがこのような活動を始めると地域の人たちもその応援を始めていくのですが、その時に、地域の特徴を感じ、この多様性が社会を活性化すると感じます。

私は農業はとてもよい教育の場なのではないかと思っています。食べない人はいませんし、誰もがおいしいものをいただく時は笑顔になり、会話が生まれます。人が育っていくことを実感します。

大田　そうですね。おっしゃるとおりで、いのちの画一化がたぶん平気で行なわれているという状態が、この国の骨みたいな層としてずっとあると思うので、なんとかこれをもう少し一人ひとりに返していく、そこのところを目指すのが教育の目的ではないかと。一人前になるという、そこを目指す。国の民ではなくて、むしろ人になる、「ひとなる」ことを当たり前に行なうことが、地域の力を強めていくことだと思うのです。

中村　先生の「ひとなる」という言葉は心に響きます。先日も仙台で、震災後の高校生たちにいのちの大切さを考える講座を開いているグループのお手伝いに行ってきたのですが、先生方が、「人づくり改革」は人を人として見ていない言葉だ、とおっしゃっていました。「ひとなる」ですね。生きものなのですから。

■遊びと学びは一体

中村　私は人間を生きものとして見ますので、教育もその中で考えますでしょう。そうすると面白いのは、生きものも勉強するということです。どんな生きものも学ぶのです。

大田　賛成。

中村　チンパンジーなどは本当によく勉強することを京大の松沢哲郎さんを中心にしたグループがとてもていねいに研究していらっしゃいます。コンピュータでの学びなども喜んでやるのですね。そこで興味深いのは、とても勉強好きな個体でも、教えることはしないという発見です。教えるのは人間だけであり、教育はまさに人間らしい行為だということになります。それを大事にしたいと思います。ただ、その前に生きものとして、子どもは本来学ぶ能力をもっているということを忘れてはいけないと思うのです。ですからまずそれを生かして、そこに教えるを加えるというのが人間らしさだと思うのです。生きものが本来もっている喜んで学ぶという能力を抑えこんで、大人の眼で教えこむ教育になってはしないかと心配です。歪んだ頭でっかちにしていないかしらと気になります。……大先生に教育論を語るというとんでもないことをしていますけれど。

大田　いえいえ、とんでもない。

中村　どんな生きものも学びが大好きなんですね。生きもののなかでは「学ぶ」と「遊ぶ」が一体化しているように見えます。

人間の子どももそうなのではないでしょうか。それを大事にして、思う存分遊びながら学ぶことを応援するのが大人の役目のように思います。その中でおとなが気がついたら、ちょっと教える。ごめんなさい、教育学の権威にちょっと教えるなどと申し上げて……（笑）

大田　教えたがるというのは、私にもあるんです。つい教えたがるというところへ陥ってしまう。それを何とか克服するために農山漁村に出かけ、青年を含むいろいろな人たちに学んできました。また中小企業家同友会の人たちと勉強会をさせていただいていますし、有機農業をなさっている人たちからも、その苦労とともに夢を学んでいます。

でもやっぱり人間は自己中心でもありますから、教えたがりを克服しきれないでいるんですよ。しかし、自己中心は生きものの特徴でもありますから……。まあ、そういう場合もあってもいいんでしょうが。

中村　そうですね。生きものは基本的には自己中心です。生きるために食べものを手に入れる、子どもを育てるなど、どれも大変な作業ですから、まず自分を大事にしなければ生きていけません。その中で人間は相手も自分と同じように考え、同じように生きているのだということを理解する能力を手に入れたところに特徴があります。この能力が人間に特有の教えるという行為を生んだのだと思います。ですから、学ぶが基本という前提の上で教育や教育システムを作ってくださると生きものと合うと思うのです。

大田　まったく賛成です。学ぶことは生きることですから、学びは生存権の中の生存権と言ってもいいのではないかと思います。呼吸をしたりご飯を食べたりするのと同じように、情報に学んで生きていると言ってもいいくらいに、学ぶことがまず生きものの特徴ですよね。まあ、ちょっと勝手に考えたところもありますが。

私はそこにあるカシの木も学んでいると思うんです。

中村　立派な木ですね。お宅に着くとまずあの木が目に入ってきました。象徴のような。

大田　クヌギやケヤキ、カシなどですね。これは植木ではありませんで、全部自然に生えていたものをうちだけが残しているので、住宅街の一角にこのような高い木々があるんです。それらの木々も太陽の影響を受けながら、その方向へ枝を張ってみずから変わっているんですよね。

住宅街に残る自生の木々
（大田一郎撮影）

どんな生きものでも皆、学ぶことからはじまる。

中村　おっしゃるように、生きることと学ぶことは、重なっているわけですね。学ばないで生きるということはないわけですから。このごろの教育は、生きることと離してしまってはいないでしょうか。教える内容を体系的に作って、日常の生きると離したところで頭の中へ詰め込もうとしているような気がします。そのようにしておいて、大事なのは「生きる力」だなどと言うのはどこかおかしい気がします。また農業の話に戻りますが、農業を一年学ぶと本当に「生きる力」がつくと実感します。具体的には、笑顔で人と上手に話し合い、課題を探して新しいことに挑戦するようになるのです。これこそ「生きる力」だと思っています。

大田　そのとおりです。赤ちゃんは生まれると同時に学んでいますよね。お乳を吸う感覚から学ぶことをはじめていますので、成長、発達が先だとか何とか言われていますが、学びなくして成長、発達もないんですよ。まず学ぶんです。

中村　相手の気持がわかるという人間らしい能力は、赤ちゃんがお母さんや他の家族と接しているうちにだんだん学んでいきます。ここからも、生きることと学ぶことは重なっているということになりますね。

■上から目線の「教育」

大田　これで僕は自信を得た（笑）。そうですか、中村さんに教育学をやっていただいた方がよいかもしれませんね（笑）。

中村　いえいえ、教育は苦手なのです。生命誌研究館では、生きているとはどういうことかを知りたくて小さな生きものたちを研究し、そこからわかってきたことをできるだけ多くの人と共有したいと思って季刊誌を出したり、展示をしたりしているのですが、そこでは禁句があるのです。「啓蒙」と「普及」です。科学の研究を知っていただこうとするとなぜか啓蒙しようとか普及しようとか、偉そうすぎます。そして「教育」も半分禁句です（笑）。「教育しよう」などとだいそれたことを言うのはやめようという気持ちです。自分が面白いと思い、楽しいと思ってやっていることを表現しますから、面白いと思う方は是非いらして下さいということにしたいのです。たとえば音楽の場合、演奏会を開く時に啓蒙・普及・教育とは言いませんでしょう。楽しい会をやりますから御一緒に楽しみましょうと呼びかける。あらゆる分野がこのような形で広がるとよいと思っています。

大田　既成観念としての教育は、上からの教化と言ってもいいと思うんです。日本の教育は、教えることが過剰、学ぶことが過少。私は一般に普及している「教育」という言葉の持つ既成観念をなくするにはどうしたらいいかと考えているんですよ。教育という言葉は……。

中村　ちょっと上から目線ですね。

大田　ええ。

中村　もちろん知っている人が知らない人に教えることは必要ですけれど、その時に、知っていることはとても楽しいので、一緒に考えようということにできないかしらと思うのです。私はこれを「中から目線」というのですが、仲間として一緒にという感じです。

大田　紀元一〇〇年にできた『説文解字』は、象形的な元の言葉を分解して、漢字一文字の本来の意味はどういう意味なのかということを書いています。そこには、「教」の字は「上にある者が下の者に施すこと。下の者はその施しに倣って学ぶこと」と定義してあります。そこから「教育」

という言葉が、儒教によって二千年にわたって使われることになるのです。孟子には君子の三つの楽しみのうちの一つは、「天下の英才を得て、これを教育することだ」という意味の一連の文章がありまして、これがほとんどの武士たちの間で衆知のこととされていました。

中村　儒教での教育が日本に入りそのまま使われたので、上から下へという考えは深く入りこんでいるということでしょうか。

大田　儒教というのは、あの大国の人民統制についての非常に工夫し発達した文化です。『説文解字』は紀元一〇〇年にできましたが、ヨーロッパでその種の字典ができるのは十何世紀になるでしょうか。ですから中国は早いんですよね。

明治の初めにどういうふうに教育の法令に名前をつけるかという時に、「儒教からも入れなさい。自由民権を主張している人たちに対して、ヨーロッパ論でやってはだめです」と、天皇が言っているんです。いわば天皇の命令（教学聖旨）によって、日本の「教育」という言葉が法令の名前としてできたんです。それに加えて、教育勅語によって全国民の教育の観念が、上から下へと定着させられました。敗戦後、私たちの身分は臣民から国民へと変わったのですが、深く日本人の心底から変化したとはいえません。
敗戦を期として、日本社会は大きく改革したかに見えましたが、革命のない社会変化では、戦後のモノ・カネ中心の社会の大きな変化にもかかわらず、日本人の内面は、その根底により古い臣民意識を残していると私は考えています。

中村　明治の初めはあらゆることをとても急いでいたような気がします。とにかく外のものを早くとり入れて富国強兵という目的を達しなければならないと考えていたのですから。そのように時代は変わったはずですけれど、上から下へというところは変わらなかったということですね。

大田 依然として天皇制も存在していますし。そういう意味で、人民統制にたけた儒教ですから、なかなか抜けきれないんですよ。

福沢諭吉などはさすがに「エデュケーション」を教育と訳すのはちょっとおかしいと思ってはいたけれども、なにしろ「聖旨」ですからね、反論の余地もなかったのでしょう。ところが、明治二十三年の「教育勅語」のできる前に、福沢はいけないと思ったんでしょう。自分の新聞の『時事新報』に、「教育」という言葉はおかしい、「発育《はついく》」とすべきである、発育とした方がよろしいと、こう書いた。

中村 さすが、本質をついていますね。「発」は学ぶ側の中から出てくる感じがします。

大田 そう、内部から出てくるような感じがしますよね。ところが福沢も明治二十三年以後には、また「教育」という言葉を使っている。消せないんですね。消せないまま今日まで至っています。ですから、あの字を消すのは不可能だと私は考えているんですよ。

中村 もし発育という言葉になっていたら、イメージがずいぶんちがったでしょうね。学校の先生方が、子どもたちが本来もっているものを育てるという気持ちを持ったら、先生も生徒も楽しくなりそうな気がします。

大田 「引き出す」、これが、たとえば『オックスフォード英語大辞典』(OED)ではエデュケーションの語源の一つとされています。

中村 そうですね。言葉ってこわいですね。言葉でイメージが固まってしまいますから。

大田 歴史的に考えると、言葉の背景には、東アジア文化型の肉体化があるんですよ。人間のいのちは、そういう文化型によってゆがめられてしまうこともあります。上から教え育てるという、「教えることの過剰、学ぶことの過少」と先ほど僕が言ったのは、それなんです。ですから、まず教えるということの前に学ぶことをもってくる。そうすると教育は学ぶことを助けるのが精一杯になります。しかも一人ひとりちがう子どもの学びを助けるわけですから、教育は魔術に近いものなのです。これはもう言いようがないから、僕は教育はアートだと、こういうふうに言って、『自撰集成』ではアートの巻をつくりました。それは教育の既成観念を消すためにやったんです。その代わりに、「教育」の位置を、学びの前でなく後に置いて、学びを助けるもの、教育の地位を助言的なものに変えようと。

中村　とても難しいと思いますが、その方向に持っていこうという提案や活動は続けていただきたいです。本質ですから。

■学習権の確立を

大田　最近教育に対する国の介入が一段と悪化しているというのは、おっしゃるとおりです。ですから、実は、それが『自撰集成』を出版する決意をした大きな理由の一つでもあるのです。

中村さんも私も敗戦期を体験しました。これからは決して戦争を企てるようなことはしない、軍隊を持たない、兵器も持たない。農地改革を行ない、女性にも投票権を与えるなど、着々と改革が実行に移されました。一方で都市のほとんどが空爆によって破壊され、食糧も乏しく、親を失った子どもたちが廃墟の街をさ迷うといった状況も事実としてありました。けれども、これから戦争は起こらない、まずまずよい方向へ日本は向かっていくだろうという、ほっとした思いがあり、先は何となく明るくなっていくにちがいないという期待がありました。いのちあって南方最前線から三年ぶりに帰国した頃は、今から見ると、あけぼのの時代にも思えました。そして永遠の戦後を願ったものでした。

ところが、一九五〇年朝鮮戦争への兆候があらわれはじめる頃から、状況はあやしくなります。まず警察予備隊から保安隊へと、たちまち現在の自衛隊ができ、修身科の復活を求めるという文部大臣（天野貞祐）も現われるというようなことになってしまいました。人々の関心は、朝鮮戦争の特需に〝恵まれ〟、活発な経済復興の方に向けられ、ひたすら経済成長が目指されたのです。

その後、高度経済成長期を経て、第一次安倍政権（二〇〇六―二〇〇七）が登場すると、いわゆるアベノミクスの方にひきつけられ、政権支持率はたちまち七〇パーセントにも達し、二〇〇六年一二月に、敗戦直後に憲法と並行してできた教育基本法が改定されてしまいます。そして、政権情報によって、新教育基本法の前文に、愛国心、郷土愛など、人間の愛情にまで踏み込んだ、教育のめあてが加えられ、しかも教育をとおして、人々の生き方、感じ方まで支配されるということになってしまいました。

それに続く本文では、本来教育を一般人民にゆだねる目的でつくった教育委員会を、地方首長が教育長を任命する。つまり、教育を地方政権の首長に委ねるということになり、結局、中央政権の教育意思を全国に徹底させることが目指されました。こうした大変さに対して、教育のこと、学校のことは、お上のすることとして、国民一般はほとんどが無関心でした。報道の自由に敏感であるはずのメディアも、ほとんどそれに批判的な姿勢を明示することはありませんでした。

教育ないし教育をとおしての情報が、いかに大きく深く国民生活の本質に影響するかについての認識がきわめて弱く、そういう状態にあったことにまったく気がついていません。安倍政権の教育基本法改定そのこと自体が、憲法改定に連動していくことにも気づいていません。

一九六〇年代から九〇年代にかけて、私たち教育研究者や歴史研究者の一部と、現場の優れた教師たちは、当時なお多数の教師が属していた教員組合の協力もあって、教科書問題、全国学力テスト問題（一九六〇年代）を中心に、長い長い裁判をとおして、文部省を相手とする、いわゆる教育裁判を続けてきました。

この間、一人の勇気ある提訴者、家永三郎氏の検定教科書裁判をはじめ、全国一斉学力テストなどの判決が出された場合、小さな記事は出ましたが、国民一般が注目するような報道はほとんど見ることはありませんでした。

それらは戦後の日本教育史の大きな問題で、ここで延々と申し上げることはできませんが、それらの裁判の最終結果を告げる最高裁判決がありますので、ここで簡潔に申し上げたいと思います。

それは「最高裁旭川学テ事件判決」（一九五六年―六五年）と略称されるもので、全国一斉学力テストをめぐっての裁判です。本来教育は国が最終責任をもつのか、それとも国民が最終責任をもつのかということを論争点として裁判が行なわれました。これに対する最高裁判の判決は、教育権というものは、誰かが最終的な権利をもつというものではない。一番重要なのは、子どものもつ学習権こそがこの問題の中心にある。誰も独占的に教育の権能をもっていないのであって、肝心なのは子ども自身の学習権をまず考慮すべきだ、という趣旨に立った判断でした。私たち一部の教育研究者、それ以上に優れた教育実践者の証言が尊重された判決文だと、私は理解しました。

実はこの学テ裁判に先立って、家永三郎氏の提訴によって延々と行なわれた、検定教科書をめぐった裁判で、私たちは子どもの学習権の重要性を、「子どもの学習権あるいは発達権」という表現で述べたのですが、最終的には認められませんでした。しかし、これは私の憶測ですが、この家永裁判での判決文が大きな影響を残し、学テ裁判の最高裁の判決では、私たちの主張してきた子どもの発達権などが、一歩進んだ学習権として採用されたのではないかと考えています。

当時はまだ安倍政権が改定する前の（旧）教育基本法が存在していました。その第一〇条には、国家が専ら教育条件整備にあたるよう命じた条文がありました。それは旧教育基本法の最後の締めくくり条項にあたるもので、戦前、戦中に国が全面的に教育内容の隅々まで支配したことの反省に立ってのものでした。この一〇条の廃棄を含む安倍政権の教育基本法の改定は、廃棄された第一〇条にかわって、国がほとんど全面的に教育に介入できるように条文が加えられました。そのため旭川学テ判決の最高裁で学習権が認定されたにもかかわらず、教育行政の上では、それがほとんど無視されたという矛盾した状況にあります。不思議な国だというほかはありません。

中村 私も教育を受け、また、子どもたちを育ててきましたのに、今のお話のようなことを自分のこととして考えて来なかったなあと反省しています。イデオロギーというような問題でなく、一人ひとりを大切にし、一人ひとりの学ぶ力を生かすというところから考えた時、問題がたくさん見えてきますね。

■科学を過信しない

中村　先日、知り合いの女性が、結婚をしましたと言って、とても幸せそうに新生活の話をしてくれたのですが、その中でご主人の甥御さんが小学校の一年生になったのでお祝いに行った時の話に、ちょっと驚きました。「とても元気なかわいい子なんです。でも、入学の時のテストで発達障害と言われたんですよ」と言うのです。これまで家庭ではなにも問題を感じていなかったし、自分がいっしょに遊んでいても普通なんですけれど、という彼女の話から、初めての経験で緊張して上手にお話できなかったとかいうことだけだったのではないかなと思えたのですけれど。

彼女はとても明るい人で、笑いながら「このごろ、学校はそんなことを言うんですよ」と言っていましたので、おうちの方がそうやって受けとめることが大事だとも感じました。面接は短時間だと思うのです。どんなテストかわからないので正確なことはわかりませんが、発達障害というのはきつい言葉です。もしちょっと問題があっても、一年生の初めですから差があるでしょう。

「発達障害」という言葉が、よく使われるようになりましたでしょう。皆とちょっとちがう子がいても、包み込んでいく社会であり、教育であることを願います。私も一年生に入学した時、新しい体験が珍しくて落ち着かない子だったようです。本を読むのが好きだったので、母はきっととてもよい子とほめられると思ったのに、チョコチョコ動きますと言われて心配したようですけれど。幸い学校に慣れて落ち着きましたが、今なら発達障害と言われたかもしれません。うちの子どもたちにも、そんなところがありました。幸いとてもよい先生で、とても子どもらしいと楽しんで下さったので幸いでした。

　質問に期待通りのお答えをすることを求めたら、学校が楽しいところでなくなってしまうのではないかと思います。実は私も子どもたちも早生まれ、一年生の時はその差も大きいでしょう。子どもを長いあいだ見てからの判断が必要で、入学の面接ではきめつけて欲しくないと思いました。

　先生がおっしゃるように、皆ちがって、小さい時ほど幅があるのが子どもですから、ある基準を決めて、ここからはずれたらだめとするのは無理ではないかと思います。素人考えですけれど、医学が進んだために、病名をつけてしまうような気がします。人間を生きものの一つとして見ていると、人間はわからないことだらけです。人間についての学問は大事ですけれど、部分的な成果をすぐに日常にあてはめることには疑問を持ちます。

育児の体験をお話ししますと、私が子どもを育てていたころは、科学的育児の大切さが言われ始めていました。当時一番進歩的と言われている病院で長女が生まれて、先生に育児の指導を受けました。まず、母乳はお母さんの栄養状態によって成分がちがうので、理想的な成分のミルクを三時間おきに飲ませなさい。どんなに泣いても途中でミルクを飲ませてはいけません。そう言われたのです。私も新米母親ですから、先生のおっしゃるとおりにしました。今はがらりと変わり、母乳がいいとなっています。今考えると、育児に絶対のきまりなどないということだとわかります。母乳はとても大事ですから是非赤ちゃんに飲ませたいけれど、上手に母乳が出ない方もあるでしょう。その時ミルクはダメかと言ったらそんなことはない。それぞれによい方法があり、それを大事にすればよいのではないかしらと思えます。実は、ミルクにはビタミンが足りないから、総合ビタミン剤を飲ませなさいとも言われました。ミルクとビタミン剤のセットが、私が子どもを育てた時の育児学の最高の指導だったのです。

小さなビンに入っている総合ビタミン剤を、スポイトで赤ちゃんの口の中へ入れるんです。なめてみるととてもまずいものです。それをスポイトで入れたら、生後三日目の娘が、ものすごく嫌な顔をして舌で押し出したんです。本当にびっくりしました。赤ちゃんなんて何もわかってないと思っていたものですから。それが、こんなまずいものを食べられるかという顔をして押し出したのです。ちゃんと意思があると教えられました。それからは、赤ちゃんや小さな生きものたちも皆、生きる力をもっていて、こちらが決めたとおりに動くものではない。嫌だといったら嫌なんだと思っているのだと考えるようになりました。

やはり偉い先生がこうしなさいとおっしゃると、はいと言って守りますよね。その後、一〇年、二〇年たつうちに、育児学はがらりと変わって、免疫その他を考えて母乳のよさが強調されるようになっています。当時は抱くことも癖になるからいけませんと言われて、一人の部屋で寝かせていました。当時アメリカから入ってきた考え方だったのですね。今はスキンシップを大切にします。人間に関する科学は研究としては必要ですが、日常では感覚を大事にすることを忘れてはいけないと思っています。一〇〇パーセントわかっているわけではないのですから。科学と言うと、それが絶対みたいに受け止められますが、そうではないわけで、少し引いたところから全体を見て、その中に科学も位置づけないと危ないと思うのです。

■人は「なる」もの、「つくる」ものではない

大田　今おっしゃったことは、現在学校で盛んに行なわれている全国学力テスト（学習到達度調査）にも通ずるんです。点数で順番にするでしょう。その子の未来も、その子の過去もわからないで、子どもを皆、モノのように扱って、数値の中で束にしてしまう。それで何県が一番になったとかが大新聞の一面に出るような、そういう時代ですからね。しかし、テストをすべて否定しているわけではなく、その子その子についてよく理解している先生が、その子の学習の問題箇所を見つけ出すために行なうテストは、必要かつ重要だと思います。

人間を束にして考えるということが、教育の世界では徹底しています。

だからこれはもう大変なことですよ。教育は教えようとするけれども、けっして上から下へ教育をするという意味ではありませんし。子どもたちは一人ひとり自ら変わる力をもっているんですよ。

中村　なんだかすべてが上から下になっているのはやはり時代なのでしょうか。

大田　いや、中村さんとは本当にうまく調子が合いすぎて（笑）。

中村　教育学を知りませんのに、その権威に勝手なことを申しあげているようで、お許しください。ただ御著書を拝読すると、先生は教育について深く考えていらっしゃるけれど、教育学の中では異端児なのではないかとも思うのですが。

大田　とんでもない。私は生活綴方などの先生方の実践から、一人ひとりの子どもの内面を大事にすることを学んだのです。子どもを束にしたテストや調査ではなく、一人ひとりユニークな子どもととりくんだ、すぐれた教育実践のなかにある真実を盗んだようなものです。

じつはね、五〇年前に先生が……。

中村 先生などとおっしゃらないでください。今日は生徒として伺っていますので。

大田 日本教育学会の分科会で中村さんが報告をされているのを拝見したことがあるんです。

中村 本当ですか（笑）。何を話したのでしょう。まったく覚えていません。

大田 当時、僕は会長でね、分科会を回って行くうちに、ちょうど中村さんがやっておられるのを見て、次の分科会に行かなければなりませんでしたが、ちゃんと見届けているんです（笑）。一九七〇年頃でしたでしょうか。会長はちょっと長すぎたんだけど、その期間にお会いしています。

中村　教育学会でお話をしたのは多分生命科学をはじめた頃だと思いますので三十代の半ばです。当時、イギリスの方が「生物学的爆弾」の時代が来たと言い始めたのです。原子爆弾は物理学が作ったものですが、遺伝子の研究が進むと人間を操作するようになり、原子爆弾より深刻なことになるという本が出ました。クローンなどという言葉が出されて。実は当時は具体的な技術はなかったのですが、そのために急進的な考えを出す人がいたわけです。それに教育学の方が関心を持たれたのでしょう。

大田　面白いこともあるんですね。でもこんな立派な研究者になって。

■生きることは、情報の処理

大田　そこでちょっと教えていただきたいのです。胃は消化とかで代謝というものをやっていますし、肺は呼吸でやっていますよね。では脳は一体何をやっているのかというときに、情報の代謝をしているのではないだろうかと、僕は考えているんです。情報といえば形もなく姿もないものですけれども、情報を感じる、知る、そして代謝をするということから、子どもの生ははじまるのでは、と思っているんですが。

中村　情報について考えることは重要です。情報という言葉はとてもむずかしいのですが、生命誌では生物が誕生する前には情報はないと考えます。物理学ですと、まずモノがあり、それからエネルギーがあるという形で学問が進みます。それで宇宙は語れます。けれども宇宙に、具体的には地球に生物が生まれると同時に、情報が生まれたのです。最初に生まれた生物はもちろん人間ではなく、現存の生物で言ったらバクテリアに近い単細胞生物です。でもバクテリアにも情報はあります。生きものがどのようにして生きているかを考えると、どうしても情報を考えないわけにはいきません。ＤＮＡはまさに情報をもった分子であり、それが親から子へと伝わっていくわけですから。だからバクテリアもある意味では学んでいると言えます。脳がなくても学べるわけです。

生きものは常に周りの環境がどうであるかを知って、それぞれ生きていくわけで、環境が変わるとまたそこからの情報を得て生きていきます。環境をよく知ってそれに合った生き方をしていかなければなりません。地球上に生物が誕生したと同時に情報が生まれました。まず遺伝情報です。最初は脳はありませんから。脳だけではなくて、体全体が情報を処理しているのです。

大田　そう考えたらわかりますね。

中村　生きていくということは、情報を処理することとも言えます。それに従って具体的に栄養分をとったり動いたりするわけです。

大田　雨が降ったとか、暗くなったとかによって、植物は変化しているわけですから、それは、たとえば太陽というような環境を情報として受けとめてかかわっているということですよね。

中村　そうですね。太陽から来る光は、とても重要な情報です。たとえば睡眠は体内時計と呼ばれる時計に従っていますが、それは光の周期によって動いています。情報というのは面白くて、周りにあるものがすべて情報になるのではなく、自分にレセプター、つまり受容体がなければ何の意味もないわけです。いろいろなモノがここにあふれていても、自分に受容体がないかぎり、それは何の関係もないわけです。

自分と外がかかわりあう原点は、受容体です。どういう受容体をもっているかによって、どう生きるかが決まると言ってもよいわけです。受容体は、体の中での分子のはたらきに関わりますし、視覚、味覚、嗅覚、触覚などさまざまな形で日常の活動につながります。外からの情報が脳に届くのですが、腸も胃も情報に反応しているのです。脳はもちろん、神経の中枢ですから重要ですけれど。

大田　神経系が全部働いているでしょう、情報を受けとるときね。

中村　そうです。神経系が受けとめる情報は脳が処理します。言葉は脳が受けとめますね。しかし、脳を持っていない植物が、温度とか酸素濃度とかを受け止めて対応するのも情報処理です。生きものと外との関係はそれぞれの生きものでちがいます。ユクスキュルというドイツの生物学者が、「環世界（ウンベルト）」という考え方を出しました。ここにある先生の御著書は、私にとってはとても大事です。けれどここにハエが飛んできたとしたら、ハエにとってはこれには価値がありません。受容しないのです。テーブルの上にあるものでハエにとって意味があるのはプリンでしょう。

大田　ハエにとっては重大じゃない。

中村　イヌにとってはこのお部屋はまた別なものでしょう。それぞれの生きものが環世界をもって、それで生きている。そうすると人間は人間で環世界があります。イヌとはちがうものです。厳密に言うと、一人ひとりがちがうものをもっていると言ってよいでしょう。

大田　ええ、もちろん。

中村　きれいな音楽が流れている時、それを感じとる人もいれば、それはあまり好きではない人もいる。環世界というのは主体によって変わります。環境問題というと、二酸化炭素がどれだけ存在するとか、水がどれだけ汚れているとかいう数値が問題になり、客観的なものですけれども、環世界は主観です。環境はもちろん大事です。生きものがうまく生きていけない状態は困るので、環境を良質にすることは大事です。同時に、一人ひとり、一つひとつの生きものにとって、自分が感じる世界がどうであるかということが大事。それをお互いにわかりあうこと、生物学はさまざまな生きものの環世界を知る作業であるわけです。そしてアリはアリとして生きている、人間だけが偉いわけではないと知るわけです。更に同じ人間でも、皆一人ひとり感じとることがちがうというところまで広げて考えることもできます。環世界という言葉はとても大事な、興味深いものです。

大田 植物でも一本一本同じものはない、全部ちがっている。

中村　皆そうですね。一つひとつの個体は環世界あっての存在。

大田　一方で人間の場合には文化がありますから、どうしても教えるということもやらなくてはならないけれど、他の動物の場合には、教えるという形は必ずしも明確にはわかっていないのではないでしょうか。

■動物は遊びから学ぶ

中村　もちろん他の生物にも文化と呼んでもよいものがあると考えられるようになっています。有名なのは、日本の幸島にいるサルが海水でお芋を洗って食べるという行為がずっと伝わっていることですね。文化としか言いようがありません。ただ、これも一つの個体が始めたことを他の個体が真似ていって広がったのですね。「まねる」は「まなぶ」につながります。この時やはり若い方がよく学び、年配の男性は頑固だとか。ここでも学ぶことはあっても教えることはないと観察されています。たとえばライオンが子どもに狩りの仕方やえさ場を教えると言われますが、親が教えているのではなく、子どもが学んでいるのです。

最近の研究成果としてそう考えています。さきほど松沢哲郎さんのチンパンジーの研究をお話ししましたが、お勉強が好きなアイちゃんは、コンピュータの画面に出る数字を瞬間認知するのが得意で、私も競争しましたが、負けました（笑）。私だけではなくて、これまで勝った人がいないそうです。この実験から、瞬間認知能力についてはチンパンジーは人間より上ということが明らかになりました。新しいことを覚えていく勉強は大好きなのです。アイの子どものアユム君も、お母さんを見ていて、自分もやりたくなって同じようにコンピュータに向き合います。人間の感覚ではアイちゃんがアユムにこうやるといいよとか、これ面白いよとか、教えるだろうと思いますね。でも教えるということはけっしてしないのだそうです。アユムも学ぶのが大好きで、一所懸命学んで、賢くなっています。教えるのは人間だけということが松沢さんのグループの研究から明らかにされました。

人間にとって教育は大事なことですけれど、学ぶ気持ちを壊してしまうほど教えるのはいけないのではないでしょうか。と申しますのも、アイやアユムの様子を脇から見ていますと、楽しそうに遊んでいるようにも見えるのです。やりたくてやっている。学校もそういう場であって欲しいと思うのです。学ぶことはバクテリアからやっていると言ってもよいかもしれません。

大田　その場合に情報という言葉は使えないでしょうか。

中村　もちろん使えます。受けとめるのは情報です。生物のいるところ必ず情報ありです。別の言い方をするなら、生物のいないところには情報はないというのが生命誌の見方です。

大田　そうですね、受け手がないですからね。それははっきりわかりました。

中村　そもそも遺伝子はＤＮＡという物質ですけれど、そこに遺伝情報という情報があります。ところで、遺伝子は体のはたらきのために必要なタンパク質をつくるのですが、タンパク質は常にきまった形をとっており、その形が特定の物質と相互作用できるかできないかを決めます。形に情報があると言ってよいわけです。ですから生物の世界で情報と言う時は、脳に直接はたらきかけるものだけでなく、モノとモノの間でも情報のやりとりをしているのです。モノはモノであると同時に情報にもなっています。

ですから、体の中でのモノづくりの場合、つくり過ぎるとそれが抑制の情報になってつくることを止めるというような調節がきいています。人間の活動の場合、生産した製品には自身を調節する能力はありません。そこが生きものとの違いです。私が人間は生きものであり、生きものらしく生きることを忘れないようにしたいと考える一つに、情報によって調節するシステムを生かしたいということがあります。

大田　ああ、そうですか。そうすると情報を処理、調節することを脳代謝と言えないでしょうか。

中村　脳での情報処理の時の情報の取り入れ方ももちろん大事です。ただ、私たちは情報と言うと、言葉、脳、更にはそこから生まれた技術によってつくり出された機械、とくに最近ではコンピュータの中で動くものとだけ考えますが、ここで申し上げているのは、生きているそのことがみごとな情報のやりとりで作られたシステムに支えられており、そこに学ぶことが多いということなのです。

日常的なところで考えますと、電車に乗るとほとんどの人がスマホを見ており、そこには大量の情報が流れています。地球の反対側から来た情報もあります。すごいことをやっている、すばらしいと評価する面もあります。でもそれが、きちんと食べたり、運動したり、家族と話し合ったりすることの大切さを忘れさせると、その日常の中にあるみごとな情報システムによる生きていることがうまくできなくなる危険があるわけです。

大田　生きものはからだ全体で情報の処理をやっている、有機的にやっているというふうに考えたほうがいいということですね。

中村　はい。体そのものが情報の塊であり、外からの情報を受けとる受容体の塊なので、それをうまくはたらかせることがまず大切だと思っています。言葉は、他の生きものはもっていないわけで、教育も言葉を通して行なわれるわけですから、もちろんそれは大切です。言葉を生かしてこそ人間は人間らしく生きられるわけです。ただ、文明が進み、私たちが人工世界の中で暮らすようになりましたから、生きものの部分を忘れてコンピュータと向き合って言葉の世界にだけいることが生きていることだと思ってしまうのは違うと思うのです。

ＤＮＡの二重らせん構造の発見が一九五三年であり、それ以来ＤＮＡのはたらきを中心にして生命現象を理解しようとする生物学が急速に進展しました。そこで専門外の方もＤＮＡに関心を持って下さるようになったのはありがたいのですが、そこでは「ＤＮＡは遺伝子であり性質をきめるものである」というところに眼が向きました。日本では遺伝という言葉のイメージはあまりよいものではありませんでした。人間誰でも一番気になる

のは自分の欠点です。走るのが遅いとか背が低いとか……周囲から見たらそれほど気にならないことでも本人にとっては重大事です。そしてそれは親がそうだったからと考えてしまう。そこで、「DNAは遺伝子であり、それがすべてを決定する」かのように受け止められました。DNA決定論です。もちろんDNAは親から受け取るのですし、私たちの体の中でそれがはたらくのですが、研究が進めば進むほど、そのはたらき方は環境や暮らし方との関連をもつものであることがわかってきました。まったく同じDNA（ゲノム）を持つ一卵性双生児は、確かに見かけはよく似ていますが、その性格や暮らし方は決して同じでないというのは誰もがわかっていることでしょう。今、DNA（ゲノム）研究に関わっている者として申し上げたいのはDNAを見る時に遺伝子決定論ではなく、私たちが生きものとして、よく生きていくことを支えるものとして見ていただきたいということなのです。そこで先生のお話につなげると、そのようなDNAのはたらきと脳のはたらき両方の情報が私たちを支えているわけです。

身体も心も含めて総体で育っていく。脳情報は、たしかに重要ですけれども、生きものとして考えたときは、全体を見なければなりません。

大田　身体全体で学んでいるというわけですね。よくお話を伺ううちに、これは大変大切なことだと納得しました。そういうことは、たしかに教育にとっても大変重要だということがよくわかりました。教育では体育、美術（図工）、音楽など、身体を使う教科は傍系教科と考えられていますが、私個人としての主張は、とくに低学年では、むしろそういった身体全体を使う傍系教科に重点を置くべきだと考えてきました。それによって身体全体を通じて感性を豊かに育てることになり、主に脳を使う教科も生き返ると。分子生物学にそれを裏付けてもらったことになります。今のお話から大変けっこうな暗示をいただくことになりました。

中村　生きものとしての人間を見ている者としては、まさにそうだと思います。

■「させる」社会から「する」社会へ

中村　それが、科学技術社会になり、とくにコンピュータがどんどん生活の中に入ってきて、頭と身体が分かれてしまっていますね。たとえば農作業をやっている時は、頭と身体とが一体化して学んでいたのではないでしょうか。前に、自然との関わりという点で農業のもつ教育効果を感じていると申しましたが、個体が全体として対応するという点でも〝農〟という行為はすばらしい教育の場であると実感しています。

大田　農業が人間の基礎基本の産業であることは、私もまったく賛成しています。私の学部でのゼミは、学生たちと日本の農山漁村に泊まり込んで農民の方から学ぶ調査研究をしました。現在は、フィールド・スタディーズの名目で、大学生たちが農民の方たちから学んだり、お仕事に加わったりする講座を埼玉大学に寄付して、ここ数年続けていただいております。

京都大学の梅棹先生も、情報という言葉の外に、農業を人間文明の原点と考えられていましたよね。

中村　梅棹先生が情報社会という言葉をお使いになり、新しい見方を出されたわけです。それは大事な指摘だったと思います。ただ、社会が変わり、学問も進みましたので、先生方の指摘を生かして更に総合的な見方をしていかなければいけないのだと思います。

大田　ええ、そうですね。梅棹さんの情報というのは非常に面白い発見ですよね。情報という言葉を世に出したのは、あの人の功績だろうと思うんです。

中村　それはとても大事なことです。

大田　ご本人は、「ほかの動物も」と書いておられますが、(情報論を)生命の方に使わないで、産業に使ったり、文明などに使ったりしていて……。なるほど。いや、だいぶんわかった(笑)。勉強になったな。今までお話しただけでも大変勉強になりました。

中村　総合的に見るということに関してこれは山崎朋子さんの旦那様、上笙一郎さんが教えて下さったことですが、人間が生きるのに必要なことは、働くと学ぶと遊ぶであり、かつては生活の中でその三つが一体化していたというのです。江戸時代はまさにそうしていた。確かにそうですね。

子どもたちも、一人前にはできなくても、必ずお手伝いということがありましたでしょう。今、お手伝いがなくなっています。農村の子どもたちが一度も田んぼや畑で作業をしたことがないと聞いてちょっと驚きました。学校農園で初めて田んぼに入って、最初はイヤだったけどだんだん面白くなったと言っている子どももいて。

大田　幼年期の遊びと学びは、たしかに一体です。また、遊び、学び、そして労働は人の生きる過程そのものであることも確かです。ただし、今の労働の多くはやらせで、「雇用」と言っていますよね。学校の教育もさせる、やらせる、子どもの遊びも「させる」でしょ。もうはじめから終わりまで、「やらせ」社会なんです。「やらせ」文化のようなもののなかにいますので、教育という上から下への働きかけの言葉が生き続けるんです。言葉だけでなくて、やらせ文化そのものが、そうさせているんだから、そこを突き破らないかぎり……。

中村 そうですね。「やらせる」でなく「する」にしなければ、一体化はしませんね。

大田 先が大変なんですよ。新しい社会を創造するのに。

中村 先生が大変だとおっしゃるのはよくわかります。私も半世紀の間、こういうのをバカの一つ覚えというのだろうなと思いながら、「人間が生きものであり自然の一部である」ということを基本に置く社会をつくりたいと願っていますが、まったくそうはなりません。お金や権力で動く方へとどんどん進んでいます。でも、社会の根っこのところで生きものとして生きようとする動きは生まれているのではないでしょうか。その一つが、やはり農業を中心に置いた活動です。

先日も「田んぼの学校」という活動をした群馬県の寒川小学校の生徒さ

んたちの自分たちの一年という発表を聞いたのですが、最初はオズオズ始めた農作業ですが、どんどん積極的になり自分たちで工夫をしていく様子がわかって楽しかったです。ここで大切なのが地域のお年寄りの力なのです。ここでは古代米づくりに挑戦し、その色を利用して田んぼアートを楽しむところまでやっています。そこで描いたのが富士山だったので、なぜ群馬で富士山？という疑問が出されました。実はその田んぼから富士山がきれいに見えるのだそうです。しかも、ちょうど富士山が世界遺産に指定されたので、記念に描きましたとの説明に皆んな納得です。このように学びはどんどん広がっていきますし、遊ぶも働くも一体になって、本当にすばらしい教育です。生命誌の立場から、農を教育の基本に置くことを提案したいと思っています。いのちについて自ずと考えるようになりますし、あらゆる学びが内発的に生まれてくるのですから。たくさんの例を見て教育の素人からの自信を持ってのお勧めです。「する」の方は、働くと学ぶと遊ぶが一体化して、「する」となっている。そこでは仕事がよろこびになるわけです。

大田　そうでなけりゃならないはずです。

中村　今は労働と言われ、しかも働きすぎで、「させる」になって過労死などということまで起きています。ここにはいのちの感覚はありません。

大田　そう。だから自分の好きなことで仕事を獲得できて、それが社会的な意味をもつことが大事です。遊びでさえ、遊ばせるですからね。

中村　使役動詞でなく自動詞になる構造をつくらなければいけませんね。これから食はとても大事になり、できるだけ近くで安心して食べられるものをつくる社会にしなければならなくなりますから、農を見直して欲しいです。とくに教育と結びつけて。

大田　私は有機農業に関心があり、そういう人たちとも関係をもっています。ただこういう人たちも多くの困難に直面していることも事実です。まだまだ多くの人たちの草の根からのサポートが必要です。

それにしましても、こういうふうに教育の目標が打ち出されれば、まちがいないんです。そうすると、ひょっとすると金融資本がゆらぐかもしれないと思うのですが、僕はそんなラジカルなことは言わず、雇用ではなく、就業社会になるのではないかと言いたいのです。自分の好きな仕事に就けるような就業社会に。だから自分の好きなことを自ら発見するのを助けるような教育、今お話し下さったような教育活動は、社会をよくすることになるのではないかと。そういう問題の提起の仕方をしているんですが、これも遠い夢なんです。

私は数年前から「労働者協同組合」の人々と接触してきました。一人五万円の資本金を出し合い、多数の人が参加すると大きな資本となります。この集まった資本で組合をつくって、雇用ではなく、一人の独立した人格を持った人間として、まさに就業をめざして仕事をしているところなんですよ。

中村 本当にそうですね。人間が道具でなくて、人間が人間として生きるということですね。

大田 そうです。みんながよろこんで仕事ができる。そこにもっていきたいんですけれど、なかなかもっていけない。もちろん、僕が生きているうちはありえませんからね（笑）。ですからなんでも言えるわけでして（笑）。考え方のかなり基本的な部分で、分子生物学のあなたから僕は信頼を感じたのでうれしいです。

中村 先生が難しいとおっしゃるお気持ちはよくわかります。でも少しでもそちらへと思う人が一人でも多くなればと思うのです。

■同じで違うが、生きものの面白さ

中村　生きものを基本に考えますと、やはり眼が向くのは多様性です。人間も一人ひとりがちがうから面白いと言えます。でもちがう時に、まったくばらばらにちがったら面白くないと思うのです。ちがうねで終わってしまう。実は生命誌の生きものの見方は、根本のところは同じだけれどちがうというところを見ます。そこがとても面白いと思うのです。人間は、もちろん、皆人間として同じだけれど、七三億人いたら全員、一人ずつちがうわけで、そこが面白いですね。このごろ双子の研究がずいぶん進み、一卵性双生児でも生活する人としてはまったくちがうことがわかってきました。ＤＮＡ（ゲノム）は同じだけれど、育ち方によってちがう。以前は遺伝か環境かという問いを立てましたけれど、遺伝と環境が関わり合って一人の人間をつくるということになってきています。

大田　まあ、自己中心という点では皆共通しています。それでいてちがうんだから、面白い。

中村　皆まったく同じもので動いていながら、こんなにちがうというところが面白いですね。しかもそれは人間だけではなく、地球上にいる生きものの全部がまったく同じもので動きながら、ちがっている。

大田　全部ちがうようにできている。これはすごいですよね。

中村　まず、アリも、ライオンも基本は同じなんだと思う気持ちが大事ですね。でもアリはアリで、ライオンはライオン。先生がおっしゃる情報という考え方も、同じ中にちがいを生み出すものという捉え方ができます。

大田　それで変わるということが起こってくるわけですからね。

中村　そうです。前にも申しましたが、一卵性双生児は親から受け取ったＤＮＡはまったく同じだけれども、このごろ、エピジェネティックという言葉が出てきたのですけれども、体の内外の環境で、ＤＮＡに小さな分子がつくことによりはたらき方が変わるのです。もちろんその変化には約束事があります。でたらめでは困りますから。

それぞれが違う考え方、違う意見をもつのは当然でそこから新しいことが生まれるのだと思います。ただ気をつけなければならないのは、基本の基本では同じ人間として、同じ生きものとしての普遍性のあることを忘れてしまうことではないでしょうか。相手を潰すことを考えてしまいます。そうではなく、共通点を探りながら違いを出す。それが話し合いの意味だと思うのです。

大田　今の日本政治に当てはめてみると、実は投票者である国民がバラバラだということです。国民自身がバラバラなところがあるということですね。だから野党が今成長しないんですね。

中村　そうですね。基本は同じという意識は、国内の議論でも、国際的な議論でも必要です。それをもってないから建設的な方向が出せないのではないでしょうか。

大田　中村さんとは考えが同じで、楽しいけれど……、僕はまちがって教育を選んだ人間ですから（笑）。

中村　本当ですか。根っからの教育者と思っておりました。何をなさりたかったのですか。

大田　何をやろうかというときに、自分に関係のある者が教育関係に多かったものだから、文学部に行って人間研究をやろうと思って。まあ、もともと文科系で、政治・経済にはむかず、文学部を選んだのですが、大きな理由は、旧制高校時代、広島で、長田新教授のペスタロッチーの教育による社会改革論を聴いて、ついつい若気の過ちで教育に決めたということです。

中村 人間研究は誰もがやりたいことであり、でもむずかしいことですね。逆に言うと、あらゆる学問が実は人間研究につながっているのではないでしょうか。生命誌もバクテリアに始まる生きものたちを見ながら、その一つとしての人間について考えています。心理学、脳科学などはもちろん文学だって人間研究と言えますね。教育学ももちろん人間研究が重要な部分を占めるのではないかと思うのですが。

大田 ええ、これはもう本当に。

仲間と話し合うということを、何十年と回を重ねながら、下のサークル室でやってきましたが、なかなか……。中小企業家同友会という五万人近い組織のなかの勉強好きの人たちとも付き合ってきました。ところが、この同友会の経営方針というのが、「人を生かす経営」というのです。人は生きるのであって、生かすことはできないと言い続けていますが、いまだに「生きる」に変えることができないのです。

中村　生き方が、なかなか自動詞にならないのですね。先ほども「させる」のでなく「する」のだというお話がありましたが、同じ動詞でも使役動詞と自動詞ではずいぶん違いますから。生きると生かすではまったく違いますね。

■ともに学ぶ

大田　学校の先生自身もなかなか変われない。これは無理もない。大きな学校ではたくさんの子どもの世話をしなければならないでしょ。だから一番の教育改革は、学校の規模を小さくすることなんです。小さな学校で、小さな学級で、小さな学校区でという条件整備、これをやらなかったらできないですよ。一人ひとりちがう子どもたちを、四〇人なら四〇人を束にしてなんていうのは不可能です。

中村　私は光村図書の四年生の国語の教科書に「生きものはつながりのなかに」という文を書いていて、それを読んだ子どもたちからお手紙が来るのです。先生からのお手紙には必ず子どもたちがどうしても気持ちを伝えたいというので読んで下さいと書いてあります。実は先生の気持ちが大事で、先生に積極性がなければ手紙を送るというところまではいかないと思うのですが。ところで、お手紙が来るのはほとんどが小さな学校です。毎年、六〇〇通ほど来て、全部に短いお返事を書くのですが、東京や大阪からは来たことがありません。地方が多く、とくに学校全部で二〇人という小さな学校や分校などからが多いのです。先生と児童が一体化して、いっしょに学んでいるのがよくわかります。

大田　そうなんです。いっしょに学んでいる。そこが大切！

中村　いっしょに学んでいるから、先生の思いもあって書いてみようとおっしゃるんだと思うのです。

今でも忘れられない手紙があります。先生に伺ったらとても成績がよいと教えて下さった男の子です。しかもサッカーが上手で、クラスでも人気者らしいのです。先生も、この子は何も悩みなんかないと思っていらした。そうしたらその子が、じつはサッカーのクラブで、コーチにいじめられていたらしいのです。なぜかはわかりません。よくできる子だから、かえって敏感だったのかもしれません。彼の手紙にこんなことが書いてあったのです。「いじめられてつらいから、僕は死のうと思っていました。でも、この「生きもののつながりの中に」を読んだら、僕がもしここで死んだら、このつながりを切っちゃうことになると思えてきて、死んではいけないと思いました」。嬉しかったです。私も時にはちょっといいこともするな、などと思ったりして。この子に、ありがとうです。先生もおっしゃっているように、今の社会ではお金の方が大切でいのちの話など素通りという感じですので、これだけ受け止めてもらえると感激します。これも小さな学校です。

大田　言うのはやさしいけれど、小さくするとお金がものすごくかかる。

中村　都会で小さな学校をつくるのは大変でしょうけれど、地方は人口減少で自ずと学校が小さくなっていますから、そういう学校の意味を皆が認識することも大事ではないでしょうか。過疎化のマイナス面だけを見るのではなく、子どもの教育にとってはよいところと位置づけることができると思うのです。もちろん今の受験競争のための教育でない、本当に人間を育てる教育の場として。

大田　軍事に出す金を考えたら、思い切っていのちの方へもっていけば、できるんですよ。だからそういう方向へ動くように働きかけないといけないと思うんです。

中村　もちろん、それも大切です。なぜ地球全体が見えるようになった中で戦争などするのかわかりません。戦争はいいとか悪いとか、正義がどうだとかいう思想ではなく、私としては今はそんなことをやっているひまがないというのが実感なのです。地球環境もあやしくなって、七三億人もの人が生きている中で、戦争などやっているひまはない、他にやることがたくさんあるのにと心から思います。しかも最近の戦争は無人の飛行機が子どもたちの上に爆弾を落とすというものですから。そのようにして難民を大量に生み出し世界中を不安定にしています。難民受け入れが問題になっていますが、そもそも難民を生み出すところに大きな問題があるわけですね。しかもその爆撃は大きな環境破壊にもつながります。今、戦争なんてありえない。頭で考えて、正しい正しくないという以前に、感覚的にそんなひまはないでしょうと悲鳴を上げたいです。

大田　本当に今日はありがとうございました。あなたはまだ二〇年生きられますからね。

中村　それは無理ですが、こちらこそこれからもよろしくお願いいたします。本当にありがとうございました。

大田　まだまだご活躍いただかないと。ぜひ応援をしていただいて、よろしくお願いいたします。

（二〇一七年九月二五日　於・大田堯宅）

II　対談を終えて（往復書簡）

大田堯さんの自宅の木の幹（大田一郎撮影）

「その気になる」ということ

大田　堯

中村桂子さんへ

対談では、人生（生きもの）は学びに始まり学びに終わるという循環系であることとして、多くを学ばさせていただきました。生きものの学びには、情報ないし、それぞれの生きものの「環世界」というものが情報の受け皿としてあること、中村さんの強調された「受容体」というものが、一つひとつの生きものには備わっているということを教えていただきました。生存権としての学習権が、教育に優先するという私の立場からも、大変励ましていただきました。とくにバクテリアも学んでいるということは驚きでした。学習権の根拠として、心強い裏付けをいただくことができました。ありがたいことです。

教育研究にとって、もう一つの大きな問題提起につながる関心は、代謝は脳だけで行なわれているのみならず、心身全体で行なわれていると教えていただいたことです。学校教育では算数など、テストの対象となる教育課程が中心教科とされ、体育、美術（図工）、音楽などは傍系教科とされています。その結果、中心教科は感性抜きの〝暗記もの〟となり、感性をともなった豊かな知識教科とはならず、文字どおり身につかないものになっていることが多いのではないでしょうか。学校のカリキュラムの大改革につなげたいものです。

中村さんのいわれる「受容体」は、これまで私流儀に、〝その気になる〟

という和語で表現した機会があったと思い、そのあたりからさらに詳しく教えていただきたいと思います。

私は教授時代に付属中学の校長になるという機会がありました。そのとき、教授会任命の校長であっても、実際に授業をやってみたいという気分になって、中学二年生の希望者に授業を担当することを試みました。私は「人間について」という授業をして、たしかイリンの『人間の歴史』というテキストを、参考書として読みすすめました。

あるとき授業が終わりかけたときだったと思うのですが、一人の生徒が「先生、質問があります」と手をあげました。質問は「人間は二本足でなぜ立ったのですか」という内容でした。授業時間も終わろうというときの質問だったものですから、この次の時間までに調べてみようということで、その時は授業を終えました。イリンのテキストにもこれに対する答えは書いてありません。その間いろいろ調べてみたものの、草木の茂った地域に生活していたから、環境に適応したからなど、その問いに答えているものはあったのですが、私の納得の得られる答えはなかなか見つかりませんでした。

次の時間、私は環境がそうさせたなどと言ったものの、納得のいく答えが得られなかったことを、そのまま正直に生徒たちに伝えました。そのうえで、私は「それは人間がその気になったからだろう」と答えてしまいました。もちろん、なんらかの科学的根拠があってのことではありません。なんとなく私の心から飛び出した、思いつきを口にしてしまったというような感じでした。

ところがあるとき京都大学の今西錦司さんの本を読んでいましたら、人間の二足直立歩行について、同氏は「人は立つべくして立った」と書いていました。まったくこの人のものの考えにふさわしいという思いもあって、私の「その気になったから」にかなり近い意味だと考えました。総合人間学会という、人間研究、教育研究に関心を持つ人たちの集まりで、その話をしましたら、自然科学系の研究者の一人から、今西さんの考え方はとんでもないという冷笑的な反応がありました。

けれども、そういう氏の発言に、私は「その気になる」という表現も、人間にとって意外に重要な意味がありうるという思いが今もしているのです。「気」という言葉は、空気や天気、元気などなど、数えきれぬくらい私たちの生活の中で頻繁に用いられる和語で、たしかに科学には必ずしもなじまないものかもしれません。けれども、その気は強い内発的な選択意志にもとづくものだと考えます。そういう発想から、私自身の書いた文章には、「選びながら発達することの権利について」や「問いと答えの間《ま》」

という文章があります。

対談で、中村さんが、情報は「受容体がなければ意味はない」といわれました。受容体《レセプター》（環世界《ウンヴェルト》）とも相当近い、むしろ内発的な受容体の意志が、「その気になる」と表現されるように私には思われるのですが、どうでしょうか。

そこでお伺いしたいのですが、受容体とＤＮＡ（ゲノム）全体との関係はどうなっているのでしょうか。できれば、その気になる、受容体や環世界とＤＮＡの状態ないしゲノム全体とはどのようになっているか、分子生物学ではどのようにとらえているのかを教えていただきたいのです。素人のとんちんかんな問い方ではありますが、それを含めて伺わせていただければと思っております。

中村さんの書かれた生命の「自己創出力」という言葉にすごく励まされ

て、私はそれを子ども一人ひとりのもつ根源的自発性と呼びかえて、上から下への教育の既成観念をゆるがす科学的、基本的な提言と受け止めました。そういうところから分子生物学の言葉の、ＤＮＡ（ゲノム）とのかかりで、私たち一般人にも理解できるように改めてご説明をいただけたら、と希望する次第です。あまり〝その気〟にとらわれず、ご自由にご教示ください。その気のほかにも、「説得するよりも納得」という言い方も、受容体に近いとも考えています。これらの表現は、教育実践から出てくる感覚なので、分子生物学での言葉からご説明いただければと存じます。

なおご著書をはじめ、分子生物学関係の書物を読ませていただいて、私が教育研究に活用している重要な概念がありますので、ご教示いただけると嬉しいです。

(1) DNA(ゲノム)を人生の設計図、ただし環境との関係でたえず変化し、生涯動き続ける設計図だといってみることがありますが、それでもよいか。

(2) 免疫、出生、老化……など、循環系との矛盾や例外について。

(3) 消化や呼吸には代謝、新陳代謝というが、教育研究では上記のものと並んで人間の情報代謝というように使えませんか。

(4) 小遺伝子が物質結合を助ける云々という表現もありますが(DNAのほかにもあるようですが)、私たちの研究に考慮する必要がありますか。

(5) 私は中村さんの自己創出力に大変励まされました。子どもの興味・関心を大事にとか、子どもの主体性などといったあいまいな表現にたいして、科学的概念として、これだ!と思い、根源的内発性(自発性)などと自分流に使わせていただいていますが、それでもよいでしょうか。

「ひとなる」を基本に

中村桂子

大田堯先生へ

先日は貴重なお話をありがとうございました。長い間お話を伺わせていただきお疲れが出たのではないかと気になっております。その時の話し合いから生まれた疑問を含めてのお手紙、お会いした時のことを思い出しながら拝読いたしました。いくつかの御質問を私なりに考えてみたいと思います。

長い間生きもの研究に携わってきた者として、教育が人間社会にとって最も大切なことと考えておりますが、教育学や具体的な教育現場（小・中・高校生の）はよく存じませんので、的はずれなことを申し上げるかもしれませんがお許し下さい。

最初に、生命誌という私の専門から考えることを少し整理させていただきます。生命誌は、自然界にいる多様な生きものたちの生きる姿を科学を通してよく見つめることを基本に置いています。そして人間は生きものの一つであり、自然の一部なのですから、私たちの生き方には生きものたちから学ぶところがたくさんあると考えています。

けれどもここで気をつけなければならないことが三つあります。

一つは、地球上の生きものは、すべて一つの祖先から生まれた仲間であるという共通性を持ちますが、一方でそれぞれの生きものにはそれぞれの生き方があるということです。人間（生きものとしてはヒトと呼びます）には人間としての生き方があるので、生きものたちから学ぶと言っても、それですべてがきまるものではないということです。

二つめは、科学は興味深いことを教えてくれますが、それだけが正しいと考えてはいけないということです。科学以外の学問はもちろん、日常感覚を生かすことも大事です。とくに、生きものを含む自然と接することで養なわれる感性は重要です。

三つめは、人間はとても複雑なものであり、わからないことがたくさんあるということです。さまざまな知識を集合したとしても、今わかっていることだけで答を出すのは危険です。お話し合いの時に科学的と称された私の育児体験を申し上げましたが、赤ちゃんへの向き合い方は、生きていることへの畏れを基本に置くことではないかと思っています。つまり生きものの科学によって明らかにされたことは、人間について考える時のとてもよい参考資料であることは確かですが、そこに答があるわけではないと思いながら活用しないと危ないと思っています。

とくに教育に対しては慎重になります。と申しますのも、教育は他の生きものにはない人間特有のことだからです。先日もお話ししましたように生きものたちは学ぶことはしますし、学ぶことは好きです。けれども他の個体に、たとえ自分の子どもでも教えることはしません。このように、人間特有である教育は人間にとって非常に大事ですけれど、それは他の生きものともつながっている内発的な学びを尊重するものでなければいけないと思います。そこで、先生がおっしゃる「ひとなる」こそが教育であり、そこには科学的という言葉は合わないように思うのです。科学が明らかにした生きものらしさに学びながらも、科学的と称して押しつけないこと。難しいことですが、これに尽きると思っています。

ここまで申し上げてきましたことを前提に、先生がお手紙に書いて下さったことについて、生命誌の視点から考えます。

生きものは細胞内のゲノム（ＤＮＡ）のはたらきで性質の基本がきまりますが、そのはたらき方の具体は環境との関わり方できまることがわかってきました。以前は、すべてがＤＮＡできまるかのように言う人と環境の大切さを強調する人がいて、遺伝か環境かという議論がありました。しかし、今はそれはなくなり、「環境を通しての遺伝」と言うのが実体とわかってきたのです。英語の方がわかりやすいので書きますと、〈Nature vs Nurture〉でなく、〈Nature via Nurture〉になったということです。両親から受け継いだゲノムですから、あるところは父親、あるところは母親の性質を受け継ぐのはもちろんですが、大切なことは、生まれた子どものもつゲノムは唯一無二、これまでの誰とも違うということです。これを自ら常に新しいものを生み出すのが生きものであるという意味で、「自己創出」と呼びました。ゲノムというとそれで性質がきまるかのように受け止め、そこに注目する方が多いのですが、ゲノムが教えてくれる一番大切なことはこの唯一無二というところです。しかもそのはたらきは環境の影響で、いろいろにはたらくわけです。生きものとしての人間は、基本はきまっており、「私」は「私」として一生変わらない存在でありながらそれは固定的なものではなく、さまざまに変わり得るなんとも面白い存在です。

ところで、環境と申しましたが、それをどう捉えるか、そこからどのような情報をとり入れて自らの活動につなげていくかということを具体的に見たのが「環世界」と「受容体」という言葉で申し上げたことです。実体としてそこに何があるかということではなく、自分にとって意味があるかということが重要になり、それは生きものによって違ってきます。他の生きものの場合、意味のある世界はきまっていますが、人間の教育は、それを広げることができるわけですからとても重要です。

ところで、ある生徒さんの「人間はなぜ二本足で立ったのですか」という質問に「人間がその気になったからだろう」とお答えになったというお話。科学者がそれはないと言われたということも含めて、とても興味深く思います。人類が直立二足歩行を始めた理由について、最近受け入れられている説にこのようなものがあります。実は二足歩行と同時に、人間は他の霊長類に比べて犬歯が小さくなったという特徴があります。人類誕生の頃は乾燥化が進んで森林が減り、類人猿の中で疎林に暮らすようになったのが人類であり、一夫一婦の社会をつくって暮らしていたと考えられます。豊かな森林から追い出されたとするとちょっと弱かったのでしょうか。森林のように食べものが豊富でない疎林では、果物だけに頼ることはできず雑食性になり、他の動物が食べ残した肉や骨などを家族のために持ち帰る必要が出てきたと考えられています。そこで、手を使って食べものを運ぼうとして立ち上ったというのです。もちろん仮説ですが、さまざまな証拠を重ねた結果出されたものであり、今最も受け入れられていると言ってよいでしょう。子どもたちに食べものを持って帰ってやろうという気持が二足歩行にさせたというのですから、「その気になった」と言ってもよいかもしれません。

犬歯が小さいという特徴は、化石が発見された時に、それが人類のものかどうかのきめ手になっているほど大事なものです。大きな犬歯は、別の言葉でいうなら牙であり、戦いの道具です。人類の犬歯では噛みついても相手を殺すことはできません。しかも人類の犬歯が小さくなってきた様子を見ると、上あごの犬歯の方が先に小さくなっているので、人類はあまり戦いをしなかったことを意味しているのではないかと考えることができます。七〇〇万年も前の話ですので、さまざまなことが考えられますが、私は、「一夫一婦で戦いをせず、家族に食べものを持ち帰る」のが私たちの祖先の特徴だったと考えるのが好きです。

最後に書かれた質問のすべてに満足なお答えをする自信はありませんが、思うところを書き並べることでお許しいただきたく思います。

(1)まず、「ゲノムは設計図」と考えてよいかということです。譬えはいつも難しいものであり、ゲノムもこれぞというものを探すのは難しいのですが、私はどうしても譬えなければならない時には「お料理のレシピ」とか「劇のシナリオ」にします。

設計図は構造と機能を示したものであり、しかも固定的な感じがします。それに対して「カレーライスのレシピ」は材料は一応きめたとしても作り方に融通がききます。「玉ねぎ、人参、じゃがいもを切ってお肉と一緒に鍋に入れ、カレー味をつける」という一見シンプルなレシピですが、塩、コショウを少々とか、時にちょっとソース味を足すとか、時と場合によって少しづつ変化がつき、同じカレーでもそれぞれ味が違うものになります。ゲノムもヒトという生きものとして生まれ、生きるようにと指定してはいますが、そのはたらき方は、時と場合によります。そこにさまざまなヒトのさまざまな生き方が生まれるのです。劇もそうですね。登場人物はきまっていますが、それぞれをどう演じるかは、演出家や俳優によって変わり、日によっても変わります。

固定的なイメージを避けるために設計図とは言わないようにしています。

（2）免疫・老化など生命現象に見られる矛盾についてです。生きるということを考えたら、老いて死んでいく過程はマイナスの現象です。免疫は、病原体などの外敵から体を守る大切な現象ですが、いつやってくるかわからない敵に対する細胞を常につくり続けるという厖大な無駄がわかった時は、皆が驚きました。効率のよいことや前向きのことだけを評価する現代社会の価値観で見ると、生きものは変な奴としか言えません。「生きものってなに？」と聞かれた時の答はいくつもありますが、その一つとして「矛盾の塊」と言うことがあります。合理性で見たら免疫のしくみはムダだらけです。死はマイナスです。けれどもこのムダやマイナスがあってこそ私たち人間も含めて動物たちは生き続けているわけで、「生きる」という言葉の中にはこれらが含まれているのです。生命現象の研究が進めば進むほど合理的に割り切ることは生きることにつながらないことを思い知らされます。

（3）代謝は通常成長やエネルギーの獲得など生命活動に必要な物質の

生成や分解をさします。外から食べものなどを取り入れて自分に必要なものをつくり、不要になったものを外に出すことを日々繰り返しているのが生きものですから、代謝はまさに生きることの基本です。

ここで、物質でなく情報をとり入れ、そこから自分に必要なものを生み出したり、不要なものは捨てたりする日常の行為を情報代謝と呼んでもよいだろうかという御質問です。考えてみれば情報についても、記憶という形で自分をつくっていきますし、物質と同じように考えられないことはないと思います。情報代謝という言葉は通常は使いませんが、教育で伝えた情報が成長の糧になり、生きるエネルギーの素になるようにとの思いからこの言葉を考えられたのだとしたら、そのお気持はわかります。今まで考えたことはありませんでしたが、先生がそのような意味をこめてお使いになることで、使う人が出てくるかもしれません。

（4）『自己創出する生命』をお読み下さって、ありがとうございます。生きものは自らを創り出していくものであるところに意味があるということを、教育の中での大事な考え方と受け止めて下さったことに心からの御礼を申し上げます。そこで「根源的内発性」という言葉をお使いとのこと、お気持がよく出ていると思います。鶴見和子さんが、社会について考えた「内発的発展」という言葉が、私の「自己創出」と重なるとおっしゃって下さったことを思い出します。子どもにとって大事なのはまさに生きものとして持っている根源的な内発性であるというお考えは、「自己創出」と重なります。内発だけでなくそこに根源をお入れになったところに、子どもたちへの強い信頼が感じられます。

対談でのお話とお手紙に対して、ほんの少しの、しかも頼りないお返事で申し訳ございません。「ひとをつくる」ことなどできるものではなく、「ひとなる」を支えるのが子どもたちに対して大人ができることだという考え方は、今本当に必要であると思います。「人づくり革命」という言葉を何も考えずに言ってしまう社会は、とても恐いと思っています。「ひとなる」を教育の場での共通の考え方にしていただけるよう願っております。

〈附〉私の憲法と学習権

大田 堯

私は、大日本帝国憲法のもと、一九一八年に生まれ、誕生から思春期を経て、二十七歳で敗戦、二十八歳で新憲法に接する。旧憲法は五七年間にわたって存在したが、そのうちおよそ三〇年間、私は帝国臣民の身分にあった。心身ともに臣民意識が染みとおるのに充分な社会的環境にあった。

現憲法ができて三〇年後の出来事。時代は経済成長のさなかの或る暑い夏の日、ごみ置き場の当番にあたった。ちょうどお盆の直後で、ごみ置き場は生ごみなどで巨大な山をなしていた。私がごみを整理しているところへ、近所の中高年がらみの人物がきて、そのごみの山を見上げながら、「センセイ、日本はどうなるでしょう」と、私に同感を求めるように問いかけてきた。私はとっさに「滅びるでしょう」と答えてしまった。国民主権の憲法のもと、「どうなるか」という問いに、「どうするか一緒に考えましょう」と答えるべきだったはず。

しかし、その現憲法も人びとによってつくられたもの。必ずしも完全ではない。特に、第一章「天皇」は、天皇制と民主主義の「と」をめぐって、日本人の創る国がらにかかわる大問題、これについては他の専門家に託すこととする。私は教育研究者として憲法を考える。第二六条には「すべて国民《ひとびと》は、法律の定めるところにより、ひとしく教育を受ける権利を有する」とある。教育は「受ける権利」ではなく、すべての国民《ひとびと》は学習権を保障する教育への権利を有する」とすべきだと考えている（ルビと傍点は筆者、以下同）。

ここでいう学習権の学習とは、食事や呼吸とおなじく、情報を自ら獲得したり、発信したりする営みである。いわば脳・神経系の行う新陳代謝の一つであり、人間が生きつづけていくうえでの生存権の一部、基本的人権のことをいう。子どもは生まれると同時に情報の新陳代謝を始める。情報は姿、形のないものだが、それなしには生きること、成長、発達すらもありえない。

教育はその天賦の学習力、生命の根源的自発性を補助する技《アート》である。したがって、上から与えられ、受けるものではなく、むしろその子その子（大人）に与えられたユニークな学習力に寄り添って、ひびき合い、「ひとなる」、一人前になるのを助ける重要な役柄を果たすものである。めいめいが自分の学習力の流儀で、教育を選び取る権利が保障されなければならない。それが「学習権を保障する教育への権利」だということになる。マララさんがテロへの唯一の武器として使った、エデュケーションの訳語としての教育は、この生存権としての学習権の保障を求める「教育」なのである。

今日では、我が国の最高裁も、一般に国民の教育権か、国家の教育権かと争われた裁判で、「教育の権能を独占的に所有するものは誰もいない。先ずは子どもの学習権」だとしている（旭川学テ訴訟大法廷判決）。ユネスコの学習権宣言に先立つこと、九年前の一九七六年である。そうであれば、現憲法の文言に用いられている教育の「教」の字も、かつて臣民に与えられた、お上《かみ》、国家からの教化の「教」とは意味内容を異にしたものでなければならない。

「教」という漢字について、紀元百年頃につくられた中国の著名な『説文解字』には、「上から下の者に施すこと、下の者は上の者に倣《なら》う」とあり、これに「育」の字をつなげて、「教育」となっている。教育は代々の中国王政の社会的統制原理であった儒教により、二〇〇〇年にわたって用いられてきた言葉である。教育はお上のものとする東アジア的通念として深く浸透し、新憲法のもとでも、我が国の臣民意識の根深さを、私自身の内面を含めて、感じざるをえない。

　大日本帝国憲法には、教育についての言及はまったくなかったことをご存知だろうか。何故か。実は軍事とともに教育は、神格天皇の直接統制のもとにおかれ、軍人勅諭とともに勅語により、教育の基本方針が示され、あとは「勅令」によって、議会決議を経ることなく、天皇の命令のもとに執行されたからだ。

　ところで、第一次安倍政権は、現憲法の改定の手始めとして、まず教育基本法（一九四七年制定）の改定を強行し、成立させてしまった。それまでの教育基本法は、現憲法の基本理念を要約した長い前文からなっていた。しかし、改定後は「教育の目標」に郷土愛、愛国心など、現政権好みの愛の価値感情にまで立ち入る恣意的な追加がある。つづいて諸条項の改定が行なわれ、「教育は国民全体に対して直接責任を負って行なわれるべきもの」という趣旨から、行政は教育の「条件整備に努めるべき」とあった条項を、この基本法の締めくくりとなる第一〇条から削除し去るという暴挙にあえて及んだ。

のちに特定秘密保護法や安全保障関連法の憲法解釈に対して、「異議あり」として世に問うたメディアも、一般市民も、憲法違反ないし解釈違反ともいうべき旧教育基本法の改定にはほとんど関心を示さなかったことには、私たち教育研究者は、〝切歯扼腕《せっしやくわん》〟の感を覚えたものである。

なお私自身は、もともと教育基本法は必要としないと、考えている。必要なのは、教育条件整備基本法である。その前文は、「我が国の教育は憲法の精神による」の一行ですむ。その次に、一人ひとりの学習権を保障する小さな学校、小さな学級、そして小さな学校区、広く豊かな自然など、政府が行うべき条件整備の要項を列挙するというものだ。

教育研究者として、ただ一点、現憲法条項に訂正を求めたものの、現実は、モノ・カネに重点をおいた経済成長政策によって、全人類の人間関係の破綻が、世界的規模でもたらされている。私は、現憲法の基本理念、国民主権、基本的人権に加えて、徹底した平和主義（第九条）と生存権としての学習権の確保こそが、それに歯止めをかける強力な防波堤足り得るものだと確信する。

（初出『私にとっての憲法』岩波書店、二〇一七年）

あとがき

百歳を眼の前にした教育学の権威が、「人間は生きものである」というあたりまえのことを考えている私に学びたいとおっしゃっていることを知り、びっくりしました。そこまで生きてこられた方が「学ぶ」という言葉をお使いになり、しかも異なる分野にいる若輩（私自身もう若いという文字からは遠いことはわかっていますが、ここはこの言葉を使う他ありません）から新しいことを聞き出したいとおっしゃるのですから。

実は、生命誌を考える中で、近年少しづつ人間（生物学でのヒト）に関心を持つようになり、大田先生の教育学の基本にある「ひとなる」という言葉に惹かれていました。そこで、お役に立つかどうかはわからないけれど、私が学ぶ機会にさせていただこうという気持で、話し合いをさせていただきました。

「ひとなる」に対する言葉は「ひとづくり」でしょう。政府の看板政策として「人づくり革命」という言葉が使われています。それには「生産性革命」が並んでいますから、効率よい労働に従事する人材(この言葉も気になるものです)獲得を目的とする「人づくり」であることがわかります。「つくる」という言葉を聞いて浮かんでくるのは機械です。自動車をつくる、コンピュータをつくる。正確な設計図に従って部品を組み立て、できるだけ時間をかけずに均一な製品を大量につくることが求められます。少しでも違うものは、規格外としてはずされます。人間にこれをあてはめると困ったことになります。できるだけ早く均一につくりあげてそれに合わない人ははじき出す。それはないでしょう。「人づくり」という言葉に異和感を覚えるのはそのためです。

生きものは多様であるところに意味があり、もちろん人間にも多様性が重要です。生きものとしての人間を支えているゲノム（DNA）に注目すると、これは一人ひとり皆違っています。生きものの歴史を見ると、この唯一無二の個体を存在させる方向に進んできたことがわかります。私たち人間も生きものの一つとしてこの歴史の中で生まれてきたのですから違いをもつ一人ひとりが存在することに意味があるのです。その一人ひとりが思いきり生きることを応援するのが社会の役割でしょう。現代社会は、効率を求め、人間も機械のように見てしまう恐さがあります。大田先生の「ひとなる」という言葉には、均一のものを早くつくるという見方に対して、生きものとしての時間を大切にし一人ひとりが個性を生かして育っていく過程を見つめる眼を感じます。

「なる」を広辞苑で引くと、「生る、成る、為る」の文字があり、意味としては、「現象や物事が自然に変化していき、そのものの完成された姿をあらわす」と書かれています。その後にたくさんの事例をあげての解説があり、この語の深さがわかります。とくに生命誌の視点からは、「生る」に注目します。社会的には教育が行なうこととして「成る」「為る」が思い浮べられることでしょう。生徒さんたちが、何かができるようになり、完成されたものになっていくことをめざして教えるわけで、とても大事なことです。けれども、「実が生る」と言うように、小さくて青いリンゴが、日の光を浴び、吸い上げられた養分を自分のものにして大きくなり、赤いきれいな美味しい実になっていく様子を思い浮べ、そこに子供たちを重ねると、「ひと生る」という言葉が浮ぶのです。

教育に携わる者は「ひとなる」という気持を持つことが大事であるという大田先生のお考えが、教育学や教育の現場でなかなか受け容れられないと伺うと、なぜだろうと思います。私はスウェーデンの児童文学者A・リンドグレーンが大好きで、なかでも子どもたちの日常がみごとに描かれている「やかまし村シリーズ」は、子どもについて考える時の参考にしています。そこでは、小学校の入学時期になった男の子ラッセが、教室でじっと坐っていられないのを見て先生が、「あなたはまだ学校適齢期じゃないわね」と言います。「学校へ来る前に、もう少し遊んでおく必要があるのよ。来年になったらまたいらっしゃい。」もちろん今ではラッセは元気に学校に通っています。今、これを実行することは難しいでしょう。でも、一律に入学させ、少し問題がありそうな子どもには発達障害という札をつけてしまうことが、本当に「ひとなる」につながるかという問いを持つことは大事なのではないでしょうか。約束事の中で動けるように導くことは必要ですけれど、枠をきめてはめ込むのは、生きものである人間には合いません。大勢の子どもたちに向き合わなければならない先生方の大変さは想像に難くありません。それでも一人ひとりの子どもの「ひとなる」を見て下さるとありがたい。そんな願いを持ちます。

大田先生のお話を伺い、改めて、誰もが時代の中で生きていると感じました。先生は、御自身の「ひとなる」の時代を太平洋戦争の中で過された世代です。私は敗戦の年に小学校四年生ですので、本当の意味での戦争を知りません。でも、集団疎開を体験し、食べもの不足の中で、以前食べたケーキがどんなにおいしかったかを友だちと話し合ってひもじさを我慢していた時のことは、今も思い出します。戦争というものはお偉い方たちが始めるものですが、その影響を受けるのはふつうの人です。私は空襲で家が焼けはしましたが、幸い家族は全員無事でした。戦後、疎開から帰って入学した東京の中学で、クラスの中にお父様が戦死なさったり、家族が空襲で亡くなったという人が少なからずいることを知り、戦争がふつうの暮らしをとり上げていく恐さを思ったものです。

大田先生が、教育の現場だけでなく教育政策のありように強い関心を持たれ、国が画一的な「ひとづくり」をしようとすることに疑問を持ち続けられている一つに、戦争体験がおありのように思います。一人ひとりの人間に始まり、地域での暮らしを大切にしながら子どもたちの教育を考えていこうという地道な活動を続けて来られたのも、画一的な社会の恐さが身に沁みついていらっしゃるからだと思います。

私は日本という国に生まれたことを幸せと思っていますし、特定のイデオロギーを持っているわけではありません。一人ひとりがその人らしく生きること（実はもっと広げてそれぞれの生きものがそれらしく生きること）ができる社会でありたいという願いから、私たちは何をしたらよいだろうと考えているだけです。そのための教育は、やはり「ひとなる」であり「人づくり」ではない。大田先生とお話させていただいてその思いを一層強くしました。さまざまな分野の方との出会いによって、「人間は生きもの」というあたりまえのことを考え続けることが、少しづつ新しい展開をしていくことをありがたく思っています。

生きものにとって大事なのは続いていくことであり、今一番望むことは次世代、その次の世代と続く未来の人々に誰もが生き生きと生きられる社会を渡すことです。のんびり生まれついている人間ですが、欲望のままに進んでいく今の社会の先に、よい未来を思い描くのは難しいという気持になっています。今やるべきことは、もっともっと人間について考えることなのではないでしょうか。私のために時間を作って下さった大田先生、またこのような機会を用意して下さった藤原書店の藤原良雄社長に心から御礼を申し上げます。

また編集の小枝冬実さんは、大田先生が百歳になられる日の刊行をめざして迅速に、しかしていねいにお仕事をして下さいました。ありがとうございます。

二〇一八年二月

中村桂子

中村桂子 NAKAMURA Keiko

一九三六年東京生まれ。JT生命誌研究館名誉館長。理学博士。東京大学大学院生物化学科修了、江上不二夫（生化学）、渡辺格（分子生物学）らに学ぶ。国立予防衛生研究所をへて、一九七一年三菱化成生命科学研究所に入り（のち人間・自然研究部長）、日本における「生命科学」創出に関わる。しだいに、生物を分子の機械ととらえ、その構造と機能の解明に終始することになった生命科学に疑問をもち、ゲノムを基本に生きものの歴史と関係を読み解く新しい知「生命誌」を創出。その構想を一九九三年「生命誌研究館」として実現、副館長（～二〇〇二年）、館長（～二〇二〇年）を務める。著書に『生命誌の扉をひらく』（哲学書房）『「ふつうのおんなの子」のちから』（集英社クリエイティブ）『自己創出する生命』（ちくま学芸文庫）『こどもの目をおとなの目に重ねて』（青土社）『老いを愛づる』（中公新書ラクレ）『いのち愛づる生命誌』『生きている不思議を見つめて』（藤原書店）他多数。『中村桂子コレクション いのち愛づる生命誌』全八巻（藤原書店）完結。

大田　堯

OOTA Takashi

一九一八年広島県生まれ。教育研究者（教育史・教育哲学）。東京帝国大学文学部卒業。東京大学教育学部学部長、日本子どもを守る会会長、教育科学研究会委員長、日本教育学会会長、都留文科大学学長、世界教育学会（WAAER）理事、北京大学客座教授などを歴任。東京大学名誉教授、都留文科大学名誉教授、日本子どもを守る会名誉会長。二〇一八年十二月没。

単著に『教育の探求』（東京大学出版会）、『教育とは何か』『教育とは何かを問い続けて』（岩波新書）、『地域の中で教育を問う』（新評論）、精神科医の山本昌知との対話『ひとなる』（藤原書店）他多数。現在の教育状況を憂えて、二〇一三年から『大田堯自撰集成』（全四巻・補巻一、藤原書店）を刊行。

二〇一一年には、その思索と行動の軌跡を追った映画「かすかな光へ」が完成（製作・著作：ひとなるグループ　監督：森康行　音楽：林光　詩・朗読：谷川俊太郎　ナレーション：山根基世）。二〇二四年四月現在、全国一〇〇〇カ所以上で自主上映が展開中。

百歳《ひゃくさい》の遺言《ゆいごん》 ―― いのちから「教育《きょういく》」を考《かんが》える〈新版〉

2018 年 4 月 22 日　初版第 1 刷発行
2024 年 4 月 30 日　新版第 1 刷発行 ©

著　者　大田　堯
　　　　中村桂子

発行者　藤原良雄

発行所　株式会社 藤原書店

〒 162-0041　東京都新宿区早稲田鶴巻町 523
電　話　03（5272）0301
FAX　03（5272）0450
振　替　00160 - 4 - 17013
info@fujiwara-shoten.co.jp

印刷・製本　中央精版印刷

Printed in Japan
ISBN978-4-86578-421-3

Ⅳ はぐくむ 生命誌と子どもたち　解説＝高村 薫

「子どもを考えることは未来を考えること」。「啓蒙」「教育」でなく「表現」、「人づくり」でなく「ひとなる」として、子どもたちと向き合う。

月報＝米本昌平／樺山紘一／玄侑宗久／上田美佐子

296 頁　**2800 円**　◇ 978-4-86578-245-5（第 3 回配本／ 2019 年 10 月）

Ⅴ あそぶ　12歳の生命誌　解説＝養老孟司

「38 億年前に地球に生まれた祖先から生まれた、みんな仲間」。“細胞”“ＤＮＡ”は人間だけではなく、すべての生きものに共通する。この共通項を手がかりに、さまざまに異なり、つながる「生命」の世界をやさしく語る。

月報＝赤坂憲雄／大石芳野／川田順造／西垣通

296 頁　**2200 円**　◇ 978-4-86578-197-7（第 1 回配本／ 2019 年 1 月）

Ⅵ 生きる　17歳の生命誌　解説＝伊東豊雄

経済優先・効率優先の現代社会をつくり出してしまった、機械論的世界観を脱して、「生きること」を中心にする社会をめざして、17 歳とともに考える。詩の言葉で科学を語る「まど・みちおの詩で生命誌をよむ」他。

月報＝関野吉晴／黒川創／塚谷裕一／津田一郎

360 頁　**2800 円**　◇ 978-4-86578-269-1（第 5 回配本／ 2020 年 4 月）

Ⅶ 生《な》る　宮沢賢治で生命誌を読む　解説＝田中優子

自然を物語る天才、宮沢賢治と生命誌のつながり。渾身の書き下ろし 250 枚。宮沢賢治の物語は、“生きる”を考える生命誌に重なる。様々な問題を抱え、転換点を迎えるこの社会が、“いのちを中心に”動いていけるように。

月報＝今福龍太／小森陽一／佐藤勝彦／中沢新一　往復書簡＝若松英輔

288 頁　**2200 円**　◇ 978-4-86578-322-3（第 7 回配本／ 2021 年 8 月）

Ⅷ 奏《かな》でる　生命誌研究館とは　解説対談＝永田和宏

総合知を創るために！「人間は生きものであり、自然の一部」を美しく表現。科学を、研究するだけでなく、“表現すること”を大事に、“生命誌研究館（バイオヒストリー・リサーチ・ホール）”を構想し、創り、展開した著者の集大成。書き下ろし 400 枚。

月報＝服部英二／舘野泉／石弘之／木下晋

472 頁　**2800 円**　◇ 978-4-86578-385-8（第 8 回配本／ 2023 年 4 月）
